ÉPITRE AUX DÉPUTÉS.

PARIS. — IMPRIMERIE DE POUSSIN,
RUE DE LA TABLETTERIE, 9.

ÉPITRE

AUX DÉPUTÉS,

PAR BARTHÉLEMY EYMERY.

La Charte désormais sera une vérité.
LOUIS PHILIPPE.

Paris,

LEVAVASSEUR, LIBRAIRE,
AU PALAIS-ROYAL;
DURAND, JEUNE, RUE CROIX DES PETITS-CHAMPS, N° 7;
TOUS LES MARCHANDS DE NOUVEAUTÉS.

1830.

ÉPITRE

AUX DÉPUTÉS.

Sur le trône écroulé d'un monarque parjure
Le peuple des trois jours, Paris en dictature,
Vainqueur!.... régnait encor dans le palais des Rois,
Qui fut de sang français inondé tant de fois....
Il régnait.... en léguant aux annales des âges
Ses trépas glorieux, ses combats, ses outrages,
Les noms de ses enfans à l'immortalité;
L'opprobre à Charles Dix.... à nous la liberté!....

Alors sans abjurer, sans suprême puissance,
Pure de tout excès, belle comme la France.
Députés ! qui veillez à la garde des lois,
Ce peuple souverain vous confia ses droits;
Sur l'airain d'Austerlitz.... au pied de la colonne,
Sans avoir abdiqué, vous remit sa couronne,
Et, vous laissant l'honneur de lui donner un Roi,
Des héros de juillet fut suivre le convoi....

Députés ! il fut beau votre premier ouvrage....
De la Charte en débris recueillant l'héritage,
Un article subtil, par la fraude tracé,
Disparut pour toujours, par du sang effacé....
La Charte ne fut plus le don du jésuitisme,
Recélant dans son sein les fers du despotisme,
L'octroi des rois maudits, qui, pour nous opprimer,
Mendièrent un trône aux mains de l'étranger;
De ces rois qui vinrent de la terre ennemie
En vautours affamés dévorer la patrie !....
Et qui, pendant quinze ans, sur l'État, au cercueil,
Jetèrent, pour régner, un long crêpe de deuil.

Princes, dont le pouvoir fondé sur l'esclavage,
De la France annonça le lugubre veuvage,
Mais qui, chassés enfin pour la dernière fois,
Vont servir de leçon aux peuples et aux rois.
Insensés !.... ils voulaient, au mépris de l'histoire,
Détruire un pacte saint, payé par tant de gloire,
Nous ravir en un jour, par un lâche forfait,
Un code révéré, quoiqu'il fût imparfait :
La Charte.... Députés ! cette reine prudente,
Qui, jetant son linceul, reparut plus vivante,
Qui, sous nos trois couleurs, gages d'égalité,
Près du coq des Gaulois, se montre avec fierté.....
Guerrier de Quiberon ! vieux despote en délire !
Quel esprit infernal, quel démon, quel vampire,
Pouvaient donc t'inspirer le dessein criminel
D'enfreindre ton serment fait au pied d'un autel?....
Aux portes du néant de rompre ta promesse,
De répandre un sang pur, qui, t'accusant sans cesse,
Auprès de Charles Neuf, des Français détesté,
Ira porter ton nom à la postérité ?....

O prêtres imposteurs ! respirant la vengeance !....
Marmont, toi qui vendis un grand homme et la France ;
Vous qui touchez peut-être à vos derniers momens,
Peyronnet, Polignac, ministres imprudens;
C'est vous dont la fureur et l'aveugle démence,
Dirigeant le conseil d'un vieillard en enfance,
Armèrent ses soldats contre des citoyens,
Et brisèrent un sceptre échappé de ses mains....
Charte ! et toi qui devins leur première victime,
Oui ! tu vivras autant que leurs noms et leur crime !...

Quand la Seine entraînait en ses flots mugissans
Des enfans de Paris les restes palpitans,
Députés ! on osa, sans pudeur et sans crainte,
Dans un temple sacré, dans votre auguste enceinte,
D'un tyran hypocrite exalter la bonté !
Parler de droit divin, de légitimité,
En faveur d'un enfant que frappa l'anathème,
Quand d'Orléans déjà ceignait le diadème;
D'Orléans à Valmy qui porta nos couleurs,
Qui combattit toujours parmi nos défenseurs....

Au moment du péril détournant un orage,
Vous avez bien compris les vœux d'un peuple sage.
D'Orléans avait dit : « Vive la liberté!
« La Charte désormais sera la vérité.... »
Gérard, Schonen, Mauguin, et toi grand La Fayette,
Des mondes enchaînés séculaire interprète,
Pompière, Duchâtel, et Corcelle, et Lobau,
Bavoux, Perrier, Laffitte, Audry de Puiravau,
Tracy, vous tous enfin, au Roi près du naufrage,
Qui de la vérité parlâtes le langage;
Découvrant les complots d'un parti ténébreux,
Soulevâtes un voile étendu sur ses yeux....
Honneur! honneur à vous! Avec reconnaissance,
Un Roi de votre choix fut reçu par la France.
D'un serment affranchis par la raison d'État,
Vous avez dignement rempli votre mandat.

Ils ne furent pas longs les jours de la concorde;
De rusés courtisans ont soufflé la discorde,
Et, du gouvernement en entravant le cours,
Sont venus se placer jusqu'au foyer des cours;

Étouffant sous leur poids l'élan de la patrie,
Pour dicter les arrêts de leur épais génie.
Politiques profonds, aux cerveaux rétrécis,
Devant la liberté frémissant tout transis;
Doctrinaires usés, caressant des chimères,
Fuyez, portez plus loin vos terreurs mensongères ;
La révolution que vous voulez trahir,
Malgré tous vos efforts, doit enfin s'accomplir!....

Illustres Députés! après vingt jours d'absence,
La tribune déserte et veuve d'éloquence,
A la France attentive a redit vos discours
Et vu renaître encor sa gloire et ses beaux jours.
Vous avez beaucoup fait, mais il vous reste à faire.
Courage! plus de trève au parti téméraire
Qui, naguère, dans l'ombre, agitant son poignard,
De la rébellion arbora l"étendard;
Repoussez à jamais dans leur caverne immonde
Les fils de Loyola, désolateurs du monde;
Ces prêtres irrités, artisans de nos maux,
Qui de la faction dirigeaient les bourreaux,

Et dont les longs replis d'une robe traînante
Cachèrent de tout temps la guerre et l'épouvante....
Couverts du saint manteau de la religion,
Prosternés jusqu'à terre en leur dévotion;
Ambitieux, faisant métier d'hypocrisie,
Pour attirer à vous les biens de la patrie,
Votre masque est tombé, vos maîtres sont déchus:
Le peuple dans la Seine a jeté les abus.
Aujourd'hui, ses trésors, si long-temps au pillage,
De la camarilla ne sont plus l'apanage!....

Vous avez entendu la parole du Roi,
De ce Roi citoyen, qui reçut votre foi:
« Allégeons, a-t-il dit, les charges de la France. »
Il a vu ses malheurs, il a vu sa souffrance,
Et son cœur paternel a demandé pour nous
Des impôts moins pesans et des tributs plus doux.
Mort à ce fisc honteux, à ce droit tyrannique,
Dont nous avons brisé la verge despotique,
Qui, traînant après lui l'avare ambition,
Exerce en nos foyers son inquisition,

Et, semblable au tonneau des pâles Danaïdes,
A couvert nos climats de percepteurs avides!
Châtiment immortel d'un grand peuple irrité,
Malgré les intrigans tu seras respecté!...

Députés du pays! que votre économie,
De prodigalité vigilante ennemie,
Des trésors de l'État répande les bienfaits!
Effaçant pour toujours les maux qu'on nous a faits,
Sur les cumuls altiers frappez avec courage;
Au budget étonné marquez votre passage;
Du luxe corrupteur en jugeant le procès,
De l'étroite avarice évitez les excès;
N'allez pas appauvrir le crédit de la France;
Du commerce abattu relevez la puissance!
Et, son dieu languissant, reprenant son essor,
Fera couler chez nous de larges fleuves d'or.
Protégez les travaux de l'active industrie;
Encouragez les arts, ces enfans du génie;
A la noble pensée ouvrez de vastes champs;
Tribuns! la vérité ne déplaît qu'aux tyrans!...

De nos élections grandissez la carrière ;
Du cens de la richesse abaissez la barrière;
N'as-tu pas, en tombant sous le fer des licteurs,
Charte, dans tous les rangs, trouvé des défenseurs!...

Compagne des Nérons, divinité barbare,
Dont le nom me déchire, et me glace, et m'égare,
O mort! ce dernier mot des arrêts d'ici-bas,
Quand un juge suprême ouvre encore ses bras
A l'homme malheureux que perdit la faiblesse,
A nos tristes regards montreras-tu sans cesse
Ton funèbre appareil, tes hideux échafauds,
Tes bourreaux inhumains, ton char et tes couteaux?...
Non! non! de tes horreurs le règne aura son terme;
Ton pouvoir fut marqué par la main de Dieu même...
Punissons des forfaits sans nous ensanglanter :
Le crime a des remords qu'il ne peut éviter...
D'un cachet flétrissant effaçons l'infamie,
Brisons, brisons ces fers, ces fers d'ignominie,
Qui, ravissant à l'homme un retour vertueux,
Le rendent à la terre, à lui-même odieux!

Ayons enfin des lois dignes d'un peuple libre,
Des peines, des délits réglons mieux l'équilibre :
Oui ! défendons les droits de la société,
Mais n'étouffons jamais ceux de l'humanité!...

Par de vils oppresseurs si long-temps asservie,
Ils sont donc arrivés les jours de la patrie ;
Elle avance avec pompe à des siècles heureux,
Un brillant avenir se déroule à ses yeux.
Que vos destins sont beaux, Députés de la France !
Vous serez aussi grands que son indépendance ;
Vous ferez révérer son monarque nouveau,
La Charte, et les couleurs de notre vieux drapeau,
Ce drapeau, qui vingt ans fatiguant la victoire,
Du Kremlin jusqu'au Nil a promené sa gloire !
O toi, Napoléon ! géant de l'univers,
Dont la cendre repose en des rochers déserts,
Que des rois conjurés la cohorte étrangère
Ose, dans son orgueil, porter chez nous la guerre !
Étendard de Fleurus, héros de Marengo,
Nous irons vous venger aux champs de Waterlo !

Éloquens défenseurs des libertés publiques,
Hôtes du Panthéon, qui, des siècles antiques,
Avez tous surpassé l'éclat et les grandeurs,
Jordan, Manuel et Foy, sublimes orateurs,
Mirabeau, déjà vieux d'une gloire immortelle,
Sortez de vos tombeaux, le Forum vous appelle!...

FIN.

www.ingramcontent.com/pod-product-compliance
Lightning Source LLC
LaVergne TN
LVHW010345230826
846091LV00009B/4050